L'HIVER A ALGER.

L'HIVER A ALGER.

LETTRE D'UN COMPÈRE A SA COMMÈRE.

Vous m'écrivez, chère Madame, que vous lisez mes feuilletons et qu'ils vous intéressent, comme tout ce qui vient d'un ami. Cependant ne vous êtes-vous pas dit quelquefois : voilà ses bons instincts, sauf l'exagération ; je reconnais son style, à part l'abus des épithètes et la boursouflure des périodes ; c'est son cœur, mais il pose ; sa main, mais il a des gants. Rien de plus vrai. Ce public, si restreint qu'il soit, pour lequel je travaille depuis quatre mois bientôt, m'intimide. Il me semblerait manquer de respect envers lui si je ne le gorgeais de métaphores et de terminaisons cicéroniennes.

Ainsi, comme pour les vers asclépiades où certains mots ne pouvaient entrer à cause de la mesure, ai-je limité mes confidences aux impressions qui comportent le nombre et la majesté du débit. De là bien des particularités écartées, bien des détails omis, où vous auriez retrouvé l'artiste en blouse et le causeur au naturel. Je veux essayer aujourd'hui de combler cette lacune en m'adressant à vous seule. Libre à chacun pourtant d'écouter à la porte ; mais je récuse, pour l'heure, toute autre juridiction que celle de votre cœur sympathique et de votre esprit indulgent.

Vous pensez bien que je ne suis pas resté cinq minutes de plus que le temps voulu dans l'antre de M. Moutton. D'ailleurs, à part la férocité du prix, rien n'est ennuyeux comme la vie des hôtels pour un séjour de quelque durée. Ces domestiques cérémonieux qui vous embarrassent plutôt qu'ils ne vous servent, cette table où les convives se renouvellent à chaque repas, ce perpétuel va-et-vient de malles, de portefaix et de voyageurs, rendent l'installation illusoire. Quoique à demeure, on se sent néanmoins ballotté comme un jonc dans une eau courante. Je m'étais assuré d'avance un logement au second étage d'une maison que son exposition chaude, sa situation centrale, et peut-être même aussi quelque peu son nom poétique (*la maison d'Apollon*), recommandaient à mon choix. J'en ai pris possession aussitôt les fêtes, et je puis le citer comme une véritable trouvaille. L'ameublement en est commode, luxueux même, pour une ville où trente ans et plus de colonisation n'ont guère amélioré le provisoire insuffisant des premiers jours de la conquête. Une portière en damas sépare le salon de la chambre à coucher tendus l'un et l'autre d'un joli papier dont les fleurs en camaïeu clair se détachent par bouquets sur un fond d'or guilloché. Mon lit a cinq pieds de large, excellente tradition contre laquelle conspirent, hélas! les proportions de plus en plus mesquines de nos habitations parisiennes. Il est incliné, bas, élastique à souhait. J'ai fauteuils, canapés, voltaire. La toilette et l'armoire à glace ont du style de Kreiger dans la coupe. Tout cela, quoique en bois d'acajou, est gai, serviable, attachant, et simule, à vous y tromper, le chez soi. Vous savez d'ailleurs combien l'habitude des voyages m'a rendu l'emménagement prompt et facile. Vous seriez entrée deux heures après moi dans l'appartement, que vous l'auriez cru occupé depuis des mois. Aux murs s'étalaient déjà mes dessins des Pyrénées, mon thermomètre de campagne, une mappemonde, des photographies de circonstance et les eaux-fortes préférées de mon ami le gentilhomme campagnard de Fontenay-le-Comte. Le guéridon était couvert d'albums, de brochures, de manuscrits; et la console, chargée de livres spéciaux qu'en prévision de l'hivernage j'ai fait venir de Paris, jouait supérieurement la bibliothèque. Puis, brochaient sur le tout, des pots de fleurs et des bouquets dans l'eau. Je compléterai cette énumération par le secrétaire, véritable bureau ministériel avec sa large tablette et ses douze tiroirs dans lesquels sont rangés avec un ordre qui facilite le travail, mes papiers, mes lettres, mes notes, et ces mille petits outils, buvard, règle, canif, gomme, estompes, pinceaux, dont se compose avant tout le bagage de l'écrivain et de l'artiste.

Que d'heures bénies j'ai déjà passées devant ce meuble utile, le crayon ou la plume en main, tandis que mon regard, cherchant l'inspiration, errait sur les objets aimables disposés autour de moi, ou faussant compagnie à la page en train, s'élançait par les fenêtres et se perdait en contemplations délicieuses.

J'ai trois grandes fenêtres dont les doubles rideaux toujours écartés laissent entrer librement les rayons du soleil, les reflets de la lune et la clarté des nombreux becs de gaz alignés dans le voisinage. A proprement parler, je vis en pleine rue, car ce qui m'abrite est plutôt une loge de cristal, une serre, qu'un appartement. Où que je sois, près de la table, sur le divan, à mon bureau, dans mon lit, mes yeux jouissent du paysage, et les trois grandes glaces qui ornent les trumeaux multiplient indéfiniment les perspectives. Deux des fenêtres sont à l'ouest. Elles regardent la petite place aux orangers, la jolie fontaine aux vasques de bronze, les galeries de La Tour-du-Pin, les tours et la croix d'or de la cathédrale, le dôme octogone de la nouvelle synagogue, et, se dressant en pente rapide jusqu'aux régions foncées du zénith, le curieux éventail des maisons d'Alger dont les cubes superposés, sans baies ni toits qui tachent l'albâtre immaculé de leurs façades, reflètent avec une rare pureté les nuances les plus délicates du soleil et les tons les plus fins de l'ombre. Les murs crénelés de la Casbah et les arceaux évidés d'un aqueduc ancien couronnent dignement cette étagère monumentale. La troisième fenêtre est plus riche encore. Elle ouvre en plein midi. Pour en faire un tableau complet, il faudrait vraiment décrire la ville et la province entière, car elle en domine tous les points principaux. D'abord, la belle mosquée de la Pêcherie avec ses voussures éblouissantes, ses croissants symboliques et son minaret bizarrement affublé d'un cadran lumineux ; la place du Gouvernement avec son allée de platanes, sa statue, ses bancs, et la balustrade en granit qui forme balcon sur le quai. J'ai déjà tâché de peindre ce quartier central d'Alger où les affaires et le plaisir attirent incessamment la population ; mais je n'ai montré que la millième partie des épisodes toujours intéressants qui s'y déroulent sous mes yeux. Et j'essaierais d'en faire maintenant une esquisse nouvelle, qu'il me faudrait recommencer demain. C'est une de ces choses ondoyantes dont parle Montaigne, et qui se dérobent au crayon. Il faut les voir, voir et revoir. Au loin se développent, dans les régions sereines du double azur de la mer et du ciel, le port avec ses mâts enchevêtrés, la digue, la baie, le verdoyant rivage du Hamma, les pentes veloutées du Sahel, et les cîmes dentelées de l'Atlas et du Djurjura qui, bleu pâle le jour, s'éclairent, au couchant, des plus vives lueurs. Enfin, hormis les grands hôtels, dont la situation est excellente mais qui ne conviennent qu'aux étrangers nomades, il serait difficile, je crois, de trouver dans toute la ville un local aussi commode et aussi agréable que le mien. La plupart des chambres meublées sont petites, sales, médiocrement garnies, et fourrées dans des rues étroites où le soleil ne pénètre jamais. Ce défaut de confortable est probablement la cause du peu de succès de notre colonie comme séjour médicateur ; mais nul doute qu'aussitôt après la construction du boulevard qui doit border le quai d'une longue file de maisons élégantes où les arts réunis de l'architecte, du décorateur et du tapissier pourront se donner carrière, nul doute qu'alors les natures délicates ou valétudinaires n'abandonnent pour Alger toutes les stations d'hiver où la mode plus encore évidemment qu'un choix bien entendu les expédie depuis tant d'années.

Je suis allé déjà pendant les mois d'octobre et de novembre à Hyères, à Nice, à Naples, et nulle part dans ces infirmeries si vantées je n'ai trouvé le délectable climat dont nous jouissons ici depuis le commencement de l'automne. C'est notre été de France moins ses ardeurs caniculaires et les dangereux soubresauts de sa température. Le thermomètre varie à peine entre 18 et 22 degrés centigrades. Il éclate bien de temps en temps quelque orage. Un jour, il pleut à tout noyer ; et puis le ciel redevient si longtemps pur, l'air si doux, la mer si calme et les arbres si parfaitement immobiles, qu'on dirait la nature endormie dans l'éternel repos et l'infinie béatitude. Paris et nos départements du nord ne sont guère auprès qu'une manière de Sibérie. Pour comble de disgrâce, les frimas de cette année y renchérissent, paraît-il, en rigueur, en précocité sur ceux des années communes. Le courrier nous apporte aussi régulièrement que le permettent les intempéries de son point de départ, le bilan de vos misères. Il pleut, il grêle où vous êtes, un vent glacé vous coupe la figure et vous poursuit jusqu'au coin du feu devant lequel vous demeurez transis des journées entières. Vraiment, quand je parcours ici nos champs si riches de verdure, quand je respire le suave parfum des haies en fleurs, quand je vois les papillons voltiger par milliers, et les oiseaux se jouer en chantant dans les ombrages, je ne puis imaginer qu'au même instant, à soixante heures et moins de distance, les roses sont flétries, les bois dépouillés, les rossignols muets, les chemins fangeux, et les toits hospitaliers de Farcy-les-Lys blancs de neige. Vous allez crier à l'exagération, au poète! Voulez-vous de la statistique? En voici que j'ai tirée d'un gros bouquin bien érudit publié récemment par les docteurs Bertherand et Mitchell. Et d'abord, vous me l'accorderez, ce serait enfoncer une porte ouverte que de prouver la supériorité du climat d'Alger sur celui de Paris où la moyenne de la température hiémale ne s'élève guère au-dessus de 4 degrés; aussi, prendrai-je pour point de comparaison des stations plus généralement adoptées par les malades. Eh! bien, tandis que la moyenne des mois frais, et par mois frais, j'entends novembre, décembre, janvier, février, mars et avril, n'est à Madère que de 15 dégrés, à Malte de 14, à Malaga de 12, au Caire de 11, à Rome et à Nice de 9, à Pau de 8; elle atteint ici presque 17 degrés. Maintenant, comme uniformité de température, Alger défie également tous les autres pays, Madère même, si renommé. La principale objection qu'on ait faite au séjour d'Alger, c'est la fréquence des pluies d'hiver. Je n'en ai encore vu que de rares échantillons. J'avouerai qu'elles sont diluviennes, et qu'il tombe en une heure autant d'eau qu'à Paris, en huit jours, mais la statistique est encore là pour donner raison à mes préférences. Tandis que Rome compte en moyenne 117 jours de pluie par an, Paris 144, et Londres 178, Alger n'en a que 95; et si comme de droit, on retranche de ce chiffre les jours où l'eau ne tombe que de nuit, il se trouve réduit à 54. Enfin, dans la grande majorité de ces jours même, le mauvais temps ne dure qu'une heure ou deux ; car les pluies d'Afrique au lieu de tomber lentement et sempiternellement comme dans le nord, procèdent par averses répétées, abondantes, mais de courte durée. Vous voyez donc que, même aux époques les moins favorables, janvier et février dit-on, nous ne serons jamais bien à plaindre. En attendant cet hiver relatif, nous jouissons d'un temps sans pareil en France, et, si les almanachs n'étaient là pour rétablir la vérité des dates, nous nous croirions encore à la Saint-Jean. Les dames, en parure d'été, jouent de l'éventail, et les hommes n'ont encore quitté ni le pantalon blanc ni le chapeau de paille. On m'assure même que certains les garderont toute l'année sans paraître nullement ridicules. Les marchés sont approvisionnés de fleurs comme au printemps. De petits infidèles parfumés de benjoin vous suivent sous les arcades pour vous offrir des bouquets de roses, de violettes et de géranium. On s'oublie jusqu'à deux heures du matin sous les orangers ; on dort la fenêtre ouverte ; nombre de gens couchent à la belle étoile, et, tantôt même encore, j'ai vu des fanatiques de natation prendre leurs ébats dans la mer.

Mais, direz-vous, si les douceurs du climat ont leur charme, elles ne peuvent cependant suppléer à tous les besoins de l'esprit et du cœur. Que faites-vous du matin au soir dans cette ville étrangère, loin de vos parents, de vos amis, de vos habitudes ?

La nostalgie et l'ennui ne vous tourmentent-ils pas quelquefois ? Je répondrai, chère Madame, par le récit d'une de ces bonnes journées qui se suivent pour moi sans interruption depuis mon débarquement sur la terre d'Afrique. Je vais me montrer, je vous en préviens, brutalement heureux, cruellement ravi, car je connais la bonté de votre cœur, et je sais par expérience que vous aimez les gens pour eux et non pour vous-même. Puis d'ailleurs, je vous promets pour la fin de ma lettre un excellent moyen de concilier désormais le goût que ce pays m'inspire avec mes affections et mes devoirs de compère. Ecoutez donc bénévolement. Je me lève à l'aube, et, malgré la simplicité sommaire de ma toilette, le soleil a déjà paru quand je suis prêt pour la besogne. Nous ignorons ici les tristes crépuscules qui mangent la moitié de vos jours. Je m'installe, au bureau si je dois écrire, à la fenêtre s'il s'agit de lecture ou de méditation. Car, ouvrier aisément fatigable, j'allège en les variant mes travaux : un matin la composition, un autre la copie ; aujourd'hui le dessin, demain l'épistolaire. Le courrier part trois fois la semaine, et presque toujours il emporte une ou deux de mes lettres; aussi, m'en revient-il beaucoup en échange, et je crois devoir attribuer surtout à cette correspondance active la facilité avec laquelle j'ai pu demeurer si longtemps éloigné de ceux que j'aime. La poste est située dans une cour mauresque ornée d'une fontaine ombragée par des bambous. C'est là, chère commère, au doux murmure des eaux jaillissantes, à l'abri des feuilles lancéolées du roseau indien, que je lis vos lignes chéries, et, qu'échappant aux effets très réels ici, prétend-on, du lotus qui fait oublier la patrie, je me retrempe de tendresses et m'enivre de souvenirs. Après le travail de tête, les exercices du corps. Suivant une habitude depuis longtemps prise et qui continue à me réussir, je fais tous les jours de la gymnastique. J'ai trouvé quelques instruments au lycée, mais j'aurai beau forcer le biceps et multiplier les cabrioles, je n'arriverai jamais qu'à des résultats peu dignes de la postérité. Il n'y a qu'un trapèze. Or, vous le savez, de même qu'il faut trois points pour déterminer un plan, trois examens pour produire un avocat, trois couleurs pour symboliser la liberté, il faut trois trapèzes pour faire un Léotard. Je déjeune à dix heures, tantôt dans un restaurant, tantôt dans un autre. Je ne vous les donnerai pas comme des Véfours, mais ils me suffisent. Une tranche de mouton grillée, des légumes frais cuits dans le beurre, on prépare cela bien partout ; les ragoûts seuls demandent une intervention magistrale, et vous savez si je les évite. Les productions maraîchères du sol conviennent du reste parfaitement à mon régime. Au lieu de ces fades pommes de terre et de ces insipides conserves auxquelles vous êtes déjà condamnée, nous mangeons ici les primeurs de mai : petits pois, artichauts, asperges, haricots verts ou en grains nouvellement écossés, grenades, figues de Barbarie, arbouses, goyaves, bananes. Le gibier abonde. Il n'est si petit cabaret qui ne puisse offrir à bas prix lièvres, vanneaux, sarcelles, perdrix rouges. Quant aux poissons, leur qualité varie entre la sole et le rouget, le congre et la dorade ; mais il y a des crevettes, des huîtres, et, pour l'amateur d'excentricités gastronomiques, des tortues, des polypes et des escargots.

Loin de trouver la journée longue, elle me semble

toujours insuffisante. Irai-je feuilleter les journaux, compiler à la bibliothèque, griffonner dans ma chambre ou flâner dans les environs? Les livres ont tant d'attrait, mais la campagne est si belle! Ne pouvant cumuler, j'alterne: un jour au cercle où j'accompagne nos braves devant les forts du Peï-ho, Garibaldi sous les murs de Capoue, et Mané, Tecel et Pharès dans les colonnes de l'*Indépendance*. La politique m'ennuie-t-elle? je n'ai qu'à faire un pas vers les rayons dont le mur est garni pour me trouver transporté comme par enchantement au milieu des plus gais causeurs de tous les temps et de tous les mondes: Horace, La Fontaine, Walter-Scott, Topffer, de Musset; et je ne me souviens pas, tant leurs propos me charment, leur avoir encore une seule fois faussé compagnie pour les plaisirs dégourdissants du billard et les émotions palpitantes du lansquenet dont on voit les joueurs s'escrimer dans la salle voisine. Un autre jour, la bibliothèque. Placée dans un superbe palais mauresque, dont je vous ferai quelque part ailleurs la description, elle renferme tous les ouvrages qu'on a publiés jusqu'à présent sur l'Algérie: in-folios, brochures, histoires, vers, contes, légendes, économie, agriculture; le nombre en est incroyable. Les choses de l'Orient et de la colonisation m'ont toujours fortement intéressé, aussi ne perdé-je aucun des jours durant lesquels le public est admis. Penché sur mes chers bouquins, comme un avare sur son trésor, je lis, j'apprends, je copie, j'entasse extraits sur extraits, et plus j'abats de besogue, et plus l'horizon des recherches s'éloigne. Il faudrait des années, et je n'ai que des heures. Pour composer, je préfère ma chambre. La solitude force l'inspiration et les pantoufles mijotent le style. On peut se lever, marcher, déclamer et chanter au gré de l'hypallage et de la catachrèse. Une épithète vous fuit-elle? vite un tour de salon et la voilà trouvée. S'agit-il d'une comparaison? le refrain d'un vieil air augmente sa justesse. Enfin, rien ne murit une idée, rien ne corrige un plan comme les interruptions de l'entourage et les distractions de la fenêtre. Mais il arrive bien souvent que ces dernières, très insidieuses, comme vous savez, m'entraînent à l'opposé du but. Le temps est si beau! la campagne si près! demain il peut pleuvoir. Pourquoi ne pas profiter d'un si favorable moment? *Fugit irreparabile tempus.* Les dictons là-dessus abondent, et le paresseux y trouve aussi bien que le piocheur son compte. Abandonnant alors cercle, chambre et bibliothèque, j'enfile la rue Bab-Azoun et me dirige à grands pas vers les omnibus.

La rue Bab-Azoun commence à la place du Gouvernement. Elle est ornée de galeries comme à Paris la rue Castiglione. Ce genre de construction, peu profitable à nos pays brumeux, convient parfaitement au climat d'Algérie. Hiver comme été, que le soleil darde ou que la pluie fouette, il abrite le passant mais ne l'aveugle pas. C'est évidemment ce qui remplace le mieux les corridors impossibles et les voûtes condamnées de l'architecture indigène. Au lieu de la nuit et des miasmes, on a l'air pur qui circule librement à travers les portiques, et cette ombre ténue, moirée de reflets, qui, plus douce mais plus subtile aussi que le soleil lui-même, baigne tous les recoins, fouille tous les replis, et pénètre jusqu'au fond des caves. On ne se figure pas combien est amusante la flânerie sous ces arcades. La foule s'y porte, et quelle foule ! toutes les races d'indigènes et toutes les variétés de colons : des messieurs qui fument, des Yaouleds qui jouent, des Arabes qui posent, des dames en falbalas, des juives au clin d'œil amoureux. Toutes les séductions du Palais-Royal sont en outre exposées aux vitres. C'est l'orfèvre avec ses bracelets de sulthani, ses œufs d'autruche garnis de filets d'or, ses aiguières, ses écheveaux de corail, sans préjudice des produits plus délicats de la bijouterie parisienne. C'est le libraire avec un portrait de l'Impératrice flanqué d'un kabile à cheval et d'un plan colorié de la Mitidja. Viennent ensuite les épiciers à bon compte, les marchands de tabac qui donnent pour quarante sous un demi-cent d'excellents cigares. Enfin, brochant sur le tout, des confiseurs, des pâtissiers, des restaurants, des coiffeurs à l'instar de la métropole. La rue n'est pas longue. En cinq minutes on est au bout. C'est là que campent les omnibus en destination pour les pays de l'est. Le côté opposé a pour point de départ la porte Bab-el-Oued. Tous les véhicules, coupés, fiacres, pataches, chevaux, mulets et bourriquets, n'eurent d'abord qu'une seule et même station, au centre de la ville. C'était bien pour alors; mais leur nombre croissant chaque jour et menaçant d'obstruer tout-à-fait les rues déjà suffisamment engorgées, on fut contraint de les rejeter au-delà des vieux murs. Cette obligation de commencer par un voyage à pied tout trajet en voiture a quelque chose de tant soit peu bédouin ; mais, s'il faut en croire un bruit qui court depuis dix ans et plus, le mal n'est que transitoire et l'avenir s'annonce gros d'amélioration. Il s'agirait tout simplement de rebâtir Alger à quelques centaines de mètres plus loin, dans la plaine de Mustapha, et de lui donner un tel développement de rues, de quais et de places, que Paris malgré ses incessantes démolitions n'aurait plus l'air, auprès, que d'un étouffoir. L'omnibus algérien ressemble pour la forme à tous ses congénères, mais par ses mœurs il rappelle le coucou d'hilarante mémoire. Ce n'est plus, comme chez nous, cet imperturbable vagon qui part à minute fixe et suit toujours le même itinéraire. Loin de là ; sitôt que vous débouchez des portiques, le cocher s'empresse à votre rencontre et met son atelage à vos ordres. Il va où vous voulez aller. Pour les points principaux il existe un tarif. Les courses exceptionnelles sont cotées à l'amiable. Que d'autres voyageurs se présentent à temps pour la même destination, ils montent près de vous ; sinon, fussiez-vous seul, vous partez tout de suite. Il est vrai que l'automédon, par une lenteur adroitement calculée, n'est jamais bien prêt à se mettre en route que quand sa voiture est complète. Les chevaux mangeaient, ne fallait-il pas serrer l'herbe, rétablir le harnais, fermer la portière, éprouver la mèche ? Par exemple, une fois lancé, bien différent en cela du vieux coucou dont l'allure prudente rivalisait avec le pas solennel des corbillards, il court, il galope, il vole. De cette vitesse effrénée, qui sent son Chiaja d'une lieue, provient sans doute le nom de corricolo que beaucoup d'Algériens lui donnent.

Il est de bonne heure, et j'ai du papier de reste. Il faut que je vous raconte en détail ma première excursion dans la banlieue d'Alger. C'était au commencement d'octobre, après une semaine de pluie. Sans autre but que la campagne, et ne sachant d'ailleurs à qui entendre de tous ces cochers qui beuglaient à vous assourdir : Mustapha ! Fontainebleau ! Café des Platanes ! je me laissai appréhender par le premier venu et grimpai docilement sur la banquette de sa voiture. L'intérieur en était déjà plein : Nègres. soldats, indigènes, lorettes ; une macédoine. Nous partîmes donc tout de suite, claquant du fouet, faisant notre poussière, au nez du Lézard, du Chat-Botté, de la Complaisante et vingt autres qui n'avaient point encore réalisé leur chargement. On les a baptisés tous, et leurs noms, comme vous voyez, ne manquent pas de tournure. Le *Sol-lucet-omnibus*, qui portait votre compère et sa fortune, franchit avec une louable rapidité les faubourgs, très intéressants j'en conviens au point de vue de la colonisation, mais fort monotones aux yeux de l'artiste qui pourrait se croire à Montmartre ou à Vaugirard, n'était la présence d'un palmier qui semble protester par son beau port africain contre les prosaïques moëllons qui l'entourent, et la rencontre de cavalcades sans exemple au bord de la Seine. L'Arabe en voyage est bien le type le plus ébouriffant qui se puisse rêver. S'il n'est juché sur la bosse d'un dromadaire, il trottine à califourchon sur un petit âne aux oreilles pendantes. Ses jambes nues et bronzées touchent presque la terre. Campé sur la queue même de l'animal, il ne semble s'y tenir que par un prodige d'équilibre. On tremble toujours craignant qu'il ne tombe. Son fouet consiste en un bâton pointu qu'il porte solennellement en manière de sceptre et dont il aiguillonne à coups redoublés sa pauvre monture. Bientôt quelques échappées alternent avec les maisons qui peu à peu disparaissent, et la route, après avoir côtoyé le champ des manœuvres, s'engage au milieu d'un canton tellement boisé qu'on pourrait se croire égaré dans une forêt vierge si l'œil n'entrevoyait par moment, entre les troncs noueux des oliviers et les rideaux flottants des lianes, ici les pentes gazonnées du Sahel avec les blanches villas qui le couronnent, là les fertiles jardins du Hamma dont les primeurs vont délecter chaque hiver les gourmands de Paris et de Londres. Après avoir dépassé le cimetière musulman, l'Orangerie et le Jardin d'Essai, nous tournâmes brusquement à droite pour suivre, dans un chemin étroit, les bords de l'Oued-Kénis au milieu du romantique vallon de la Femme-Sauvage. Ici m'attendait une véritable surprise. En parcourant précédemment le même chemin pour la fantasia de la Maison-Carrée, je n'avais, au travers des tourbillons de poussière que soulevait le concours de plusieurs centaines de voitures galopant toutes à la fois, rien pu remarquer sinon que la terre ressemblait à une galette qui sort du four, les arbres à des têtes de marquis au temps de Louis XV, et les broussailles à des incrustations de Saint-Allyre. Je retrouvais tout cela vert, touffu et fleuri comme au printemps. Huit jours de pluie avaient suffi pour changer le désert en oasis. Quelques arbres à feuilles caduques, les mûriers et les amandiers, montraient bien par-ci par-là leurs branches déjà nues, mais des festons de clématites et des pans de volubilis habillaient ceux que les cactus, les yeuses et les caroubiers, toujours richement garnis, ne suffisaient pas à cacher. Au fond du ravin se balançaient en phalanges serrées des massifs de bananiers dont les larges feuilles d'un vert glauque contrastaient avec la sombre nuance des orangers. Sur les bords s'enchevêtraient avec une véritable exubérance de sève et de vie, des grenadiers inclinés sous le poids de leurs grosses pommes couleur d'acajou, des jujubiers égrénant par milliers, autour d'eux, leurs petites baies luisantes qui ressemblent à des olives, des citronniers tout chamarrés de fruits déjà rehaussés d'un or pâle, et, pyramidant jusqu'au ciel, des cyprès dont les branches d'un gris satiné entouraient le tronc principal comme un système de tuyaux d'orgue. Sur les flancs rapides des collines, à la crête des mamelons, s'élevaient de grands pins maritimes. Il faut que la banlieue d'Alger fournisse bien des endroits pareils pour que celui-ci ne soit pas encore devenu la proie des villégiatures. On n'y rencontre que deux ou trois pauvres moulins à cheval sur le ruisseau, quelques maisonnettes cachées dans leurs nids d'arbustes, et le fameux restaurant de la Femme-Sauvage, d'où la vallée tire son nom.

Cette femme, que vous auriez tort de vous figurer comme une affreuse anthropophage, était tout au contraire une douce et pâle ingénue de Saint-Lô, d'autres disent de Salency. Trompée dans un premier amour, elle avait quitté son pays pour venir cacher, ou même si possible, oublier sa douleur sur les bords ou croît le lotus. Trop noblement affligée pour accepter les consolations d'une grande ville, elle s'était retirée dans la mélancolique solitude de l'Oued-Kénis, n'emportant que quelques bons livres et une provision de sirops. Car il faut vous le dire, la pauvrette possédait moins de rentes que de peines. Il fallait vivre ; et, pour concilier à son gré les besoins de l'âme avec ceux du corps, elle ouvrit une petite boutique de rafraîchissements. Un penseur, un artiste, un amoureux, suivait-il les méandres coquets du ruisseau, il en goûtait d'abord la suave fraîcheur, les humides délices ; mais bientôt, le soleil plus haut l'accablait de ses rayons. Il voulait s'abriter, plus d'ombre ; fuir, chaque pas redoublait son malaise. A moitié mort de soif, il se traînait jusqu'au lit desséché du torrent dans l'espoir fallacieux d'y trouver une dernière goutte d'eau probablement corrompue, lorsque soudain, au travers des arbres, son œil mourant apercevait une dame blanche, une fée, qui semblait plongée dans la lecture de quelqu'œuvre céleste. Il s'en approchait ; ô bonheur ! des verres d'orgeat et de limonade se trouvaient rangés devant elle ; mais voulait-il arracher à la jolie marchande un sourire, un mot, celle-ci, triste et dédaigneuse, fermait son livre et regagnait sa cabane dont la rustique simplicité ne le cédait en rien au gourbis d'un Hadjoute. Fut-elle effarouchée par des sollicitations indiscrètes, ou nâvrée d'un surcroît de chagrin, nul ne sait, mais tout-à-coup elle disparut du vallon, ne laissant à sa place que des industriels vulgaires dont le débit, renforcé de filfil et de champoreaux, eut bientôt pris l'allure d'un banal cabaret. Et l'intéressante éplorée ? sa destinée réelle est encore et restera probablement toujours un mystère. Quelques bergers prétendent l'avoir vue courir la nuit au clair de lune avec les chacals. Elle n'avait pour tout vêtement qu'une peau de gazelle, et, de ses yeux démésurément grandis, tombaient des larmes qui brillaient comme des étoiles et mettaient le feu aux récoltes. Les gens sceptiques, à leur tour, parlent d'enlèvement, d'amourette, et se font fort de vous montrer la femme sauvage sous les espèces d'une grosse, grasse et rubiconde matrone trônant derrière un comptoir de la place des Garamantes. J'aime mieux ce que disent les bergers.

Mais revenons au Sol-lucet-omnibus. Il s'arrêtait à Birmandéïs, charmant village dont les habitations, ombragées par de sveltes platanes et de vieux oliviers, entourent à distance une petite fontaine du plus pur cachet africain. Là se désaltéraient des ânes, des bœufs, des chevaux, tandis que sur les bancs extérieurs d'un café, quelques indigènes accroupis se livraient aux douceurs du kif, farniente musulman. Le paysage me plut tellement que j'ouvris mon album et me mis à esquisser une espèce de marabout collé comme un escargot sur les pentes. Mais en tournant la tête j'aperçus des entassements d'un si beau caractère que je renonçai au croquis en train pour commencer une autre page. Je m'étais assis, dans cette intention, à l'entrée d'une espèce de grotte formée par des rochers bizarres que couronnaient les verts éventails d'une touffe de palmiers nains, plusieurs aloès au pédoncule échelonné comme un bâton de perroquet, et des buissons de lentisques dont les petits fruits rouges et brillants simulent au premier abord des ornements de corail. Bientôt quelques tièdes soupirs de la brise m'apportèrent de ce fourré pittoresque un parfum si suave, que, devinant des fleurs, j'interrompis mon étude et courus à la découverte. Quelle joie ! Le gazon était diapré comme nos champs au mois de mai Je ne pratique, vous le savez, ni l'agronomie ni l'horticulture, et néanmoins j'aime les fleurs à la folie, les fleurs sauvages principalement. Je leur trouve je ne sais quoi de plus décoratif et de plus littéraire. Un dahlia, comme on les confectionne maintenant, n'est à mes yeux (pardonnez au profane !) qu'une sorte de monstruosité végétale dans le goût du bœuf gras et des Pyramides. Me voilà donc cueillant, raflant, moissonnant, si bien qu'en moins d'une heure j'avais les mains pleines de menthes, de thyms, de crocus, de jacinthes, de narcisses et de cyclamens. J'adore le cyclamen. Quel doux parfum ! quel tendre coloris ! J'en ai vu quelques pieds dans vos serres, mais combien chétifs et dégénérés ! Ici, les buissons en fourmillent, et des plus beaux, et des plus odorants. Je ne connais, pour tableau, rien d'élégant et de caractéristique à la fois comme un pied d'aloès émaillé de cyclamens. Ces feuilles luisantes, épaisses, acérées, protégeant la douce et fidèle corolle contre le vert ou le soleil, le précieux tubercule contre la sacrilége voracité des pourceaux et la malicieuse dévastation des gamins, sont d'une opposition parfaite et, passez-moi le mot, d'une philantropie touchante. Où vit-on jamais un plus heureux hymen de la force et de la grâce, de la puissance et de la beauté ? L'ormeau soutient le lierre mais ne le défend pas. L'aloès et le cyclamen manquaient à Virgile.

Tout en flânant et philosophant, j'arrivai sur les bords d'un chemin singulièrement pavé. C'était, nul besoin pour le deviner de notions archéologiques, une de ces voies romaines dont les vestiges plus ou moins effacés subsistent encore dans toute l'étendue de l'ancien empire des Césars. Quinze siècles de barbarie n'avaient pu gâter ce précieux monument; deux mois de civilisation suffiront à le détruire. Pourquoi ne pas conserver cette route comme on fait pour une inscription, pour un arc de triomphe? Les antiquités sont-elles donc si communes ici pour qu'on dédaigne un pareil souvenir? Déjà le cantonnier casse en menus cailloux les grès énormes qu'ont foulés (pourquoi pas?) Annibal, Scipion, Saluste, Bélisaire; et, pourvu seulement que les allocations suffisent, on verra prochainement le macadam commode mais éphémère de la voierie moderne remplacer le dallage rude mais ferme de l'antique édilité. C'est là surtout qu'un vrai peintre eût fait de fiers gains! non que tous les sujets brillassent d'une égale beauté, mais nul n'était ennuyeux ou commun. Certains endroits recouverts d'un berceau de lentisques dont les troncs inclinés s'avançaient horizontalement comme des solives, ressemblaient à des tunnels. Par instants, à l'extrémité de ces obscurs corridors, apparaissait la mer de lapis avec ses vagues d'argent et ses rives d'or, terminée d'un côté par le cap Matifou que poétise le souvenir confus de Rusgunum, et de l'autre par Alger dont les maisons blanches étagées sur les flancs rapides de la Bouzaréah semblent défier les comparaisons par le nombre et la variété de leurs perspectives. Le versant de la colline où s'étend Mustapha, sans rien perdre en cachet mauresque, est encore plus riant que celui de Birmandréïs. Des voyageurs de poids l'ont comparé aux sites les plus renommés du Bosphore. Outre la mer qui en recule indéfiniment l'horizon, il abonde en charmants détails. Fabriques, terrains, naturels, tout y pose à souhait. Voici, par exemple, entre des cactus et des azédarachs, un caroubier datant pour le moins de Jugurtha. Comme le châtaignier de Sceaux, le chêne d'Allouville et l'érable de Matibo, il embrasse toute une salle à manger dans sa vaste ramure. Y montez-vous par l'escalier de bois aux géraniums enlacés de convolvulus, un petit maure, joli comme le faune de Praxitèle, guère plus vêtu que lui, vous offre en souriant la pipe et le café. La grâce est ici partout, dans la lumière, dans les monts, dans les plaines, dans les habitants. Si ce n'est pas le pays des beaux-arts, c'est au moins celui des artistes.

Je fus tellement charmé de cette promenade que je la renouvelai plusieurs jours de suite. Mais là ne devaient pas se borner mes excursions. Depuis trois mois que j'habite ce divin pays, j'ai déjà parcouru toute la banlieue d'Alger, visitant tour à tour le Frais-Vallon, but préféré des cavalcades et théâtre favori des goûters sur l'herbe ; Saint-Eugène, aimé par son air vif et son climat tempéré ; le Jardin d'Essai, dont les palmiers et les bambous mériteraient à eux seuls le voyage ; Kouba, aux bosquets de chênes verts, aux sentiers rapides, aux vastes étendues ; Bir-kadem enfin, dont la fontaine arabe mérite encore l'amour des connaisseurs, malgré l'affreux étage dont on l'a surélevée récemment au profit de la mairie communale. Mais le site qu'entre tous j'ai choisi pour mon cabinet champêtre, lieu tout à la fois de travail et de repos, de dessin et de lecture, c'est une petite vallée bien étroite et bien solitaire qui s'ouvre tout près d'une autre fontaine que nos colons, sans respect pour l'étymologie d'*Aïn-Lzrak* qui veut dire fontaine bleue, ont cavalièrement appelée Fontainebleau. Les omnibus y conduisent en dix minutes ; et, pour la modique somme de vingt centimes, on se trouve, presque sans avoir eu le temps d'y songer, transporté des rues bruyantes et poudreuses de la ville aux calmes sentiers de la plus délicieuse retraite. Après avoir dépassé l'Aïn-Lzrak, il faut prendre tout de suite à droite un petit chemin tortueux bordé d'un côté par le mur peu élevé d'un parterre dont les hibiscus aux pétales changeants et les daturas aux cornets embaumés laissent pendre sur vous leurs rameaux flexibles, et de l'autre par un talus où se presse une végétation luxuriante qui, loin de se reposer comme chez nous aux premiers froids, grandit, prospère et fleurit à mesure qu'on pénètre au cœur de l'hiver. Ce sont des bellombras (*Phitolacca dioica* de l'Amérique du Sud), des poivriers (*Schinus molle* du Brésil), des aloès, des micocouliers, des cannes de Provence, que joint et soude pour ainsi dire un épais réseau de lianes. Ces lianes, inconnues, je crois, dans le nord de la France, et qu'on appelle ici clématite cirreuse, se dessèchent l'été pour faire place à la frondaison légitime des arbres qui les soutiennent, mais par contre, aussitôt les pluies venues, et leurs appuis dépouillés, elles se couvrent de feuilles luisantes et de fleurs dont la corolle d'un blanc verdâtre rappelle le seringa pour la forme et le fuchsia pour la pose. Au travers des longues tresses flottantes, et des mobiles draperies que forment leurs tiges entrelacées, on aperçoit un beau palmier légèrement penché sur les norias d'un puisard, et des orangers tout jaunes de fruits. La terre disparaît sous un épais fouillis de mauves, de ricins, de scilles et d'aristoloches, entre lesquels se pavane avec ses larges feuilles lustrées comme du satin, l'acanthe chère aux architectes.

Ce chemin, de deux cents pas au plus, débouche dans un petit vallon qui me semble résumer tout ce qu'on peut voir de splendide et de gracieux, non-seulement en Algérie, mais dans le monde entier. Des lauriers, des térébinthes, des genévriers de Phénicie, entre lesquels fleurissent des bruyères, des marguerites, des genets et des boutons d'or, en ombragent discrètement les pentes. Le soleil y est si bon, l'air si tranquille et si doucement vaporeux, les montagnes et la mer y forment de si prestigieux lointains que l'esprit, reniant ses plus beaux souvenirs, abdique aussi ses plus magnifiques conceptions. J'ignore si cet empyrée possède un nom parmi les hommes. Mais qu'importe un sobriquet ridicule ou barbare ! Il vaut mieux ne pas le savoir, et l'appeler, entre nous, par exemple, le Vallon des Oublis utiles. C'est là plus que partout ailleurs, en effet, sans en excepter ni la voie romaine, ni l'Oued Kenis, que j'oublie les contrariétés qui, trop souvent hélas ! ont tourmenté ma vie : la bourse et ses mécomptes, l'amour et ses chagrins, le rhume et ses souffrances, l'hiver et ses frimas ; là que j'oublie ma cage dorée de la rue du Havre, et mon portier, et mon domestique, et mes clés, toutes mes chaînes enfin. Mais c'est là, par contre aussi, que les choses aimées me reviennent le plus aisément au souvenir, et la preuve, aimable commère, c'est que précisément cette épître est datée de mon vallon favori. Je l'écris à l'ombre d'un caroubier dont les fleurs en forme de grappe, laissent tomber sur mon papier le pollen de leurs étamines, et dont les verts rameaux sont à chaque instant traversés par des bandes d'oiseaux gazouillards. J'ai le coude appuyé sur un coussin de bruyères dont les tiges épanouies feraient pâlir la jardinière que vous entretenez à si grands frais dans votre salon Enfin, tout près de moi est cachée dans le tronc caverneux d'une yeuse, la provision de fleurs que j'ai butinées sur ma route et qui ce soir garniront les vases de ma chambre. Les grandes ombres qui descendent des hauteurs du Telemli peuvent seules me décider à la retraite. Cinq minutes de promenade me ramènent à la fontaine, et dix d'omnibus à la place du Gouvernement où déjà les symphonies et les polkas font retentir leurs accords. Pour rien au monde je ne voudrais manquer ce concert qui, du reste, semble aussi très goûté de la population algérienne. Les zouaves, les chasseurs, les artilleurs et la ligne en exécutent tour à tour le programme scrupuleusement annoncé par l'Akhbar. La musique a lieu tous les soirs de quatre heures à cinq dans la saison fraîche, et de huit à neuf en été. Outre le plaisir qu'elle cause, elle est un but de promenade, une occasion de rendez-vous. C'est là, tout autour des virtuoses en pantalon garance, qu'on vient, entre la clôture des bureaux et l'heure de se mettre à table, noyer le souci des affaires en des conversations joyeuses, montrer des toilettes neuves, ou lorgner ce demi-monde dont Pa is, je vous assure, est loin d'avoir le monopole.

Les plaisirs pour le soir ne manquent pas non plus. Aimez-vous le spectacle? un théâtre fort convenable (à l'extérieur du moins, car je n'y suis point encore entré) donne des opéras, des drames, des comédies. Il y a des guinguettes où l'on danse, Dieu sait comme, et des cafés où l'on chante, hélas ! Sans compter les bals maures et les fêtes d'Aïssaoua. Je ne cite que pour mémoire les réunions du grand monde qui sont, m'a-t-on dit, très comme il faut, très agréables, et dans lesquelles j'aurais déjà pu me faire présenter. Mais vous connaissez ma sauvagerie et les particularités qui l'excusent. C'est donc entre les instructives séances du cercle et les fructueuses causeries de la place que je passe mon après-dîner. Il faut vous avouer que je profite ici de l'incognito pour mener à mon gré cette vie d'artiste que le décorum rend vraiment impraticable à Paris. J'entends d'ici vos lamentations. Rassurez-vous, noble dame, je ne sors presque pas en blouse, et j'ai toujours des gants dans ma poche. Mais je m'assieds sans vergogne sur les bancs, et même (pourquoi mâcher ma confession ?) quand il fait chaud, sur la balustrade en granit. C'est du plus mauvais ton, j'en conviens, et l'on s'expose à des voisinages !... Mais de même que pour le chimiste il n'existe pas de malpropreté, de même aussi le philosophe ne reconnaît pas d'indignes. Si vous saviez ce que récèle quelquefois de bon sens un portefaix, de sensibilité un zouave, de savoir un paveur, et d'esprit un épicier ! Mais dans cette ville où tant d'individualités étranges se sont comme donné rendez-vous, le champ des observations est plus vaste encore. Mahonnais, Maltais, Arabe, Mozabite, juif, protestant, musulman, tout m'est bon ; et je vous assure que les douze mille volumes de la bibliothèque de la rue des Lotophages ne m'en ont point encore autant appris que tel prisonnier polonais, tel turcos des oasis, tel baigneur tunisien, entretenu le soir, de dix heures à minuit, sur ces bancs réprouvés. Ce fut du reste, vous ne l'ignorez pas, la manie de quelques grands écrivains, de fraterniser de la sorte. Rousseau, Sterne et Walter-Scott n'ont pas craint de s'en vanter. A défaut de tout autre point de ressemblance avec ces autorités glorieuses, permettez moi de revendiquer celui-là. On peut toujours, tout en badinant, rester digne; tout en se commettant, garder sa distance. Vous faut-il enfin, chère madame, un dernier et plus fort argument en faveur de mes séances populaires? Les chaises font défaut, et tout le monde n'est pas de force à demeurer continuellement sur ses pointes. Depuis un mois pourtant, j'ai modifié ces habitudes démocratiques que la solitude, plus encore peut-être que la curiosité, m'avait fait prendre. Il m'est venu des connaissances, des amis, mon frère, et cet aimable cousin belge dans la compagnie duquel j'ai fait, il y a cinq ans, mon plus beau voyage d'Italie. Nous suffisant dès lors entre nous, c'est dans nos chambres que nous causons, dans la campagne, ou sur les canapés du cercle.

Je me couche fort tard. J'ai toujours toutes les peines du monde à me résoudre à la retraite, tant la lune brille, tant le gaz éclaire, tant les rues sont animées. Outre les Arabes, qui dorment volontiers dehors sans autre abri que leurs burnous, on voit des gens circuler toute la nuit. Certains cafés ne ferment jamais. A quelque heure indue que l'on rentre, on trouve la porte ouverte et les becs de l'escalier allumés. Depuis trois mois que j'habite l'incomparable maison d'Apollon, je n'ai pas encore brûlé deux centimètres de bougie. Les lanternes de la place éclairent si bien mon appartement qu'il y fait pour ainsi dire jour sans interruption. Pour moi qui me réveille fréquemment, l'avantage est précieux. Les veilleuses ne remplissent pas le même but. Leur clarté vacillante et les grandes ombres qu'elles projettent ont quelque chose de funèbre. On se croit enterré. Plus de lumière ! plus de lumière ! criait Goëthe à son lit de mort. Plus de lumière a été également le principal besoin de ma vie dans nos tristes climats du Nord où le soleil n'est qu'une lune, et la lune un quinquet fumeux. Je l'ai donc trouvée cette lumière, et si grande, et si belle, qu'il faut, je crois, attribuer surtout à son influence la santé florissante et le bonheur constant que j'ai trouvés dans ce pays. Vous m'avez connu peu fervent ; admirez les effets de la reconnaissance ! il n'est plus de soir en me couchant, plus de matin au réveil, que je ne rende grâce à Dieu, et que je ne le prie à genoux, je ne dirai pas de convertir, mais seulement d'avertir mes amis.

Car à tous il suffira de savoir pour venir. Et l'on saura bientôt, et l'on viendra bien vite, n'en doutez pas. La vapeur à laquelle nous devons déjà tant d'heureux changements ne peut tarder à modifier notre stupide existence de zoophytes. Déjà, comme si nous avions chaussé les bottes de sept lieues, nous parcourons, fort lestement et fort commodément surtout, ce magnifique exil de la vie périssable où nous rampions naguère avec la lenteur et la difficulté des tortues. Des voyages dont l'idée seule épouvantait nos vieux parents, sont devenus pour nous de simples promenades, et nous traversons la France avec moins de peine, de bagages et d'argent, qu'il n'en fallait précédemment pour aller de Paris à Melun. Le rayon des villégiatures, autrefois si borné, s'en est agrandi d'autant; et les bords de la mer, l'Auvergne et même les Pyrénées sont aujourd'hui pour les heureux du monde ce qu'étaient, sous la Restauration, les côteaux de Luciennes et les bords du lac d'Enghien. Les stations thérapeutiques de Provence et d'Italie voient augmenter chaque hiver le nombre de leurs transfuges. Mais ce n'est là, j'aime à le supposer, qu'un essai timide, et bientôt, grâce à la généralisation des chemins de fer, à l'abaissement des tarifs, à l'accélération des vitesses, et surtout au perfectionnement de la navigation à vapeur qui fait tache au milieu du progrès universel, nous pourrons adopter un genre de vie dont l'effet immédiat sera de prolonger nos jours avec la santé du corps et la satisfaction de l'esprit. Au lieu de rester bêtement à geler chez nous et d'envoyer nos phthisiques mourir tout seuls d'ennui, plus peut-être encore que d'épuisement, aux stations inefficaces de Madère, d'Égypte et d'Italie, nous courrons tous, grands et petits, valides et valétudinaires, riches et pauvres, fonctionnaires et administrés, vivre les mois méchants sur ces rives du Sahel dont la supériorité climatérique enfin établie ne demande plus pour être connue de tous qu'un peu de lecture et de causerie. L'homme, dès lors rendu à cet éternel printemps dont l'ange à l'épée flamboyante croyait l'avoir à jamais déshérité, passera régulièrement six mois en Afrique et six mois en Europe. J'ai l'air de plaisanter. Nullement! Les particuliers auraient deux maisons, les marchands deux boutiques, les théâtres deux salles, les juges deux tribunaux, l'un au nord, l'autre au sud ; et deux fois par an, le 15 octobre et le 15 avril, tout le monde s'envolerait à la fois sur l'air connu des *Hirondelles*.

Je ne doute pas, chère madame, qu'avec votre goût fin et délicat pour les belles et bonnes choses, vous ne soyez la première à donner l'exemple. Nos parents, nos amis, vous imiteront, et l'hiver prochain, la seule chose qui manque ici pour que mon bonheur soit celui d'un Dieu, je l'aurai.

CHARLES DESPREZ.

Mustapha, 3 décembre 1860.

Meaux, impr. A. CARRO.

www.ingramcontent.com/pod-product-compliance
Lightning Source LLC
LaVergne TN
LVHW020255230826
846091LV00006B/2418

* 9 7 8 2 0 1 2 9 9 2 7 1 9 *